LETTRE

DE MGR L'ÉVÊQUE D'ORLÉANS

SUR

LES PROPHÉTIES

CONTEMPORAINES

Avec l'opinion de plusieurs Conciles, des Docteurs de l'Église

Et de N. S. P. le PAPE

(Se vend au profit d'une bonne œuvre.)

PARIS

CHARLES DOUNIOL ET Ce, LIBRAIRES-ÉDITEURS
29, RUE DE TOURNON, 29

1874

LETTRE

SUR LES PROPHÉTIES

CONTEMPORAINES

Messieurs et chers Coopérateurs,

J'ai le dessein de vous entretenir quelques moments sur un sujet qui ne manque pas d'importance, à l'heure qu'il est surtout, et de vous rappeler en peu de mots, moins pour vous-mêmes assurément, que pour ceux qui peuvent avoir à réclamer sur ce point votre direction, les sages règles que l'Eglise nous a tracées en ces matières, et qui paraissent trop oubliées aujourd'hui. Je veux vous parler de ces prophéties et de ces prodiges que des publications incessantes, et la plupart nullement autorisées, mettent en circulation quotidienne parmi les fidèles. Je voudrais, non pas certes me prononcer sur telles ou telles prophéties, sur tels ou tels prodiges en particulier, mais d'une manière générale, vous exposer simplement quelques réflexions de nature à éclairer la piété, et à prémunir contre les abus et les excès où peut tomber ici, dans un sens ou dans un autre, une religion mal entendue.

Je me bornerai, Messieurs, à vous rappeler brièvement les conseils des Saintes-Ecritures, les avertissements de la raison chrétienne, l'expérience et la doctrine des saints, les déclarations récentes du souverain Pontife, et enfin les ordonnances formelles des Conciles et des Papes.

Tel est l'objet de cette lettre : simple rappel à l'esprit de l'Eglise, à la prudence, à la mesure, à la circonspection, si nécessaires en des matières si délicates.

I

De toutes parts, en effet, aujourd'hui, Messieurs, il n'est bruit que de miracles et de prophéties, et à notre génération aussi on pourrait dire ce que Notre-Seigneur disait autrefois à celle de son temps : « Cette génération cherche un signe, *Generatio ista signum quærit* (1). »

Ce phénomène n'a rien qui doive nous surprendre. Les époques troublées, comme la nôtre, en sont ordinairement témoins et causes. Combien, en effet, parmi nos tristesses, n'aurions-nous pas besoin de ce *signum in bonum* (2), dont parle le psalmiste ! Lorsque de grandes commotions politiques et sociales ont ébranlé les esprits, quand des calamités inaccoutumées se sont abattues sur un peuple, quand des révolutions profondes ont secoué une nation jusque dans ses fondements, les imaginations émues entrent en travail ; elles cherchent à percer l'obscurité des événements, à entrevoir le mystérieux inconnu que recèle l'avenir, à découvrir enfin quel sera le salut et le sauveur qu'on attend. Alors on quitte le réel, où l'on ne voit rien qui rassure, pour l'imaginaire, où l'on peut tout voir, surtout ce qu'on espère ; les prophètes surgissent, et les thaumaturges aussi ; les visions, les oracles, les prodiges se multiplient ; aux illuminés de bonne foi se mêlent les fourbes. Cependant les âmes avides de lumière se précipitent là où elles croient en trouver ; on prête une oreille curieuse à ces récits merveilleux et à ces voix qui se disent venues d'en haut ; les crédules, et quelquefois les incrédules eux-mêmes, par suite de ce profond besoin de pénétrer l'inconnu, qui est inné dans l'âme humaine, sont entraînés, et toute une génération se repaît de chimères ; et, tantôt saisie de craintes vaines, tremble devant les calamités annoncées, comme aux approches de l'an mil, tantôt s'exalte ou s'endort, suivant le vertige qui la domine, dans des espérances que rien de sérieux ne justifie.

Est-ce à dire toutefois, Messieurs, que le surnaturel est impossible, que le temps des miracles et des prophéties soit passé, et que le monde ne verra plus de ces témoignages frappants de la puissance et de la bonté divines ? Et quand, sous le coup de grands malheurs et sous un souffle

(1) Saint-Marc, VIII, 12.
(2) Psalm., 85, v. 17.

de grâce, un mouvement religieux se produit dans un siècle et dans un pays, quand les âmes se tournent vers Dieu, regardent en haut plus que de coutume, et font monter vers le ciel, plus anxieuses et plus ferventes, les supplications et les pénitences, est-ce que Dieu ne doit pas être incliné à leur répondre par de plus éclatantes faveurs?

On se pose ces questions, Messieurs, et devant cette multitude de manifestations surnaturelles, qu'il paraît aussi difficile de rejeter que d'admettre sans discernement, les âmes sincères, qui ne veulent être ni rebelles ni trompées, se sentent troublées et inquiètes, et elles demandent une direction. L'Eglise ne la refuse pas, et je viens l'offrir, pour ma part, à vous, Messieurs, et aux fidèles de mon diocèse.

Je n'ai d'ailleurs pas d'autre pensée que de vous conseiller ici et de vous inspirer la prudence. Cette grande vertu, si souvent méconnue et dédaignée, bien qu'elle soit la première des vertus cardinales, fondée d'ailleurs sur le bon sens chrétien comme sur les prescriptions formelles de l'Eglise, peut seule indiquer et tenir une voie sûre entre les deux excès possibles : car je dois vous le dire tout d'abord, il y a ici deux excès à craindre, un excès d'incrédulité et un excès de crédulité.

Entrons au fond de la question.

Le surnaturel existe, Messieurs; c'est là le fondement même de notre foi : le Christianisme est un fait surnaturel et divin; c'est la grande révélation de Dieu aux hommes, et les hommes, hélas! vous le savez, en avaient un profond besoin. « Dieu, dit saint Paul dans sa belle épître aux Hé-« breux, a parlé à nos pères, bien des fois, et de bien des « manières, jadis par ses prophètes, et, en dernier lieu, à « nous-mêmes, par son fils. » *Multifariam, multisque modis olim loquens Deus patribus nostris in prophetis, novissime locutus est nobis in Filio* (1). Et afin que cette révélation divine échappât aux interprétations variables et erronées de l'esprit privé, et subsistât dans l'humanité, inaltérable, Dieu a institué une autorité suprême, infaillible, chargée d'en fixer souverainement le sens, la sainte

(1) *Ad Hebr.*, I, 1.

Eglise, dont il a dit : *Qui vous écoute, m'écoute, Qui vos audit, me audit* (1), à qui il a confié la haute mission d'enseigner le monde : *Allez et enseignez toutes les nations, Euntes, docete omnes gentes* (2), à laquelle il a donné des docteurs, afin, dit l'Apôtre, que nous ne soyons pas emportés comme des enfants à tout vent de doctrine : *Dedit doctores... ut non circumferamur sicut parvuli omni vento doctrinæ* (3), l'Eglise, enfin, Messieurs, qu'il a fondée sur la Pierre immortelle, contre laquelle les portes de l'enfer ne prévaudront jamais : Tu es Pierre et sur cette Pierre je bâtirai mon Eglise. *Tu es Petrus, et super hanc Petram ædificabo Ecclesiam meam; et portæ inferi non prævalebunt adversus eam* (4).

Non-seulement le Christianisme est un grand fait surnaturel ; mais de plus, son établissement dans le monde est lui-même un grand fait miraculeux. Mais, est-ce fini, Messieurs, et l'ère des faits miraculeux et surnaturels est-elle close à jamais ? Ce serait un étrange excès d'incrédulité que de le prétendre. Non, le bras de Dieu n'est pas raccourci, ni le don des miracles supprimé, ni l'esprit de prophétie éteint dans l'Eglise ; et les histoires des saints, les plus authentiques, les plus certaines, offrent, sous ce rapport, les traits les plus incontestables, comme les plus adorables, de la puissance et de la bonté de Dieu. Voilà ce que la raison chrétienne et les annales de l'Eglise, Messieurs, proclament hautement, et ce qu'il ne faut pas que les esprits superbes et dédaigneux oublient : ces dons extraordinaires des premiers siècles, dont parle saint Paul, *alii operatio virtutum, alii prophetia, alii gratia sanitatum* (5), ne doivent jamais cesser dans l'Eglise ; les temps peuvent en être plus ou moins dignes ; mais la source elle-même n'en est point tarie. Et voilà pourquoi saint Paul a dit : *Prophetias nolite spernere* (6).

(1) S. Matt., x, 16.
(2) S. Matt., xxviii, 19.
(3) Ad Ephes., iv, 14.
(4) S. Matt., xvi, 18.
(5) I Corinth., xii, 9, 10.
(6) Ad Thess., v, 20.

Ecoutez sur ces choses, Messieurs, l'élequente parole de Fénelon : « A Dieu ne plaise, disait-il, dans son admirable panégyrique de sainte Thérèse, que j'autorise une vaine crédulité pour de creuses visions! Mais à Dieu ne plaise que j'hésite dans la foi quand Dieu veut se faire sentir! Celui qui répandait d'en haut, comme par torrents, les dons miraculeux sur les premiers fidèles, n'a-t-il pas promis de répandre son esprit sur toute chair?... Quoique les derniers temps ne soient pas aussi dignes que les premiers de ces célestes communications, faudra-t-il les croire impossibles? La source en est-elle tarie? Le ciel est-il fermé pour nous? N'est-ce pas même l'indignité de ces derniers temps qui rend ces grâces plus nécessaires, pour rallumer la foi et la charité presque éteintes? N'est-ce pas après ces siècles d'obscurcissement, où il n'y a eu aucune vision manifeste, que Dieu, pour ne se laisser jamais sans témoignage, doit ramener enfin les merveilles des anciens jours? »

Et puis s'irritant contre le vain respect humain, contre ceux qui par faiblesse n'osent pas même parler de surnaturel devant l'incrédulité, Fénelon s'écriait : « Hé! où en est-on, si on n'ose plus, dans l'assemblée des enfants de Dieu, publier les dons de leur Père? Pourquoi ce rire dédaigneux, hommes de peu de foi, quand on vous raconte ce que la main de Dieu a fait? Malheur à cette sagesse charnelle qui nous empêche de goûter ce qui est de l'Esprit-Saint! »

Et enfin, montrant que cette prétendue force d'esprit n'est au fond que faiblesse, il ajoutait ces énergiques et profondes paroles : « Mais que dis-je? Notre raison est aussi faible que notre foi même. N'y a-t-il donc qu'à refuser de croire, pour s'ériger en esprit fort? N'est-on pas aussi faible et aussi aveugle en ne pouvant croire ce qui est, qu'en supposant ce qui n'est pas? Le seul mot de miracle et de révélation vous choque, ô faibles esprits, qui ne savez pas encore combien Dieu est grand, et combien il aime à se communiquer aux simples avec simplicité!... »

Voilà, Messieurs, avec quelle force Fénelon répondait aux incrédulités de parti pris. Il faut bien remarquer toutefois qu'il parlait ici des révélations d'une Sainte sur lesquelles l'Eglise avait prononcé ; et que, s'il proclamait résolûment les merveilles que Dieu opère dans ses saints, il ne prétendait pas autoriser par là ceux qui, à la légère, « supposent ce qui n'est pas ; » et prennent pour l'inspiration d'une foi véritable « une vaine crédulité pour de creuses visions. »

C'est ici le second des deux excès qu'il faut éviter. C'est, qu'en effet, Messieurs, tout ce qui se prétend surnaturel ne l'est pas. Comme il y a de vraies prophéties et de vrais prodiges, il y en a de faux ; et il ne faut pas que la foi se soit à elle-même un piége. Voilà pourquoi, dans les saintes Lettres, tant de solennels avertissements nous sont donnés contre les illusions et les séductions, si faciles en cette matière. Laissez-moi replacer ici, Messieurs, quelques-uns de ces textes divins sous vos yeux.

Déjà, du temps où fleurissait l'esprit prophétique, Jérémie dénonçait les prophètes menteurs qui venaient, sans mission, annoncer des prospérités trompeuses, de la part de Dieu, quand Dieu ne les avait pas envoyés, et qui disaient : La paix ! la paix ! quand il n'y avait pas de paix : *Dicentes pax, pax, et non erat pax* (1). Et Isaïe, de son côté, signalait les prises secrètes et profondes que trouve l'esprit de mensonge dans ces tendances de l'âme humaine, et surtout de l'âme populaire, à se repaître des illusions qui la flattent : *Loquimini nobis placentia,* dites-nous des choses qui nous plaisent, et voyez pour nous, même des erreurs et des chimères : *Videte nobis errores* (2).

Ainsi donc, il y a, Messieurs, trouvant d'étonnantes correspondances dans les instincts divers et les plus secrets de notre nature, ce que saint Jean appelait l'esprit de vérité et l'esprit d'erreur, *spiritum veritatis et spiritum erroris* (3). Aussi Notre-Seigneur nous en a-t-il avertis lui-même : « Il surgira de faux prophètes, *surgent pseudoprophetæ*, et ils feront des signes à tromper, s'il était possible, même les élus ; *et dabunt signa et prodigia, ità ut in errorem indu-*

(1) Jerem., XVI, 14.
(2) Isaia, XXX, 10.
(3) S. Joann., epist. I, IV, 6.

cantur, si fieri potest, etiam electi (1). » Mais, ajoutait Notre-Seigneur, quand même ils vous flatteraient pour vous tromper, et vous diraient : « Le Christ est là, dans ce désert, dans ce champ, dans cette maison, ne le croyez pas : *Nolite credere* (2). »

Et c'est parce qu'ici la bonne foi se trouve exposée non-seulement aux illusions, mais encore aux tromperies et aux artifices, c'est pour cela que le même apôtre qui avait dit : *Prophetias nolite spernere*, ajoutait : « *Omnia autem probate*, éprouvez tout ; *quod bonum est tenete* (3) ; mais ce qui est bon, cela, seulement, recevez-le. » Et saint Jean, dans le même esprit, posait cette grande règle de la prudence chrétienne : « *Nolite credere omni spiritui ; sed probate spiritus, si ex Deo sint* (4) ; n'ajoutez pas foi à tout esprit, mais éprouvez-les, et cherchez si les esprits sont de Dieu. »

C'est ici, Messieurs, dirai-je, dans l'ordre des choses surnaturelles, le sens commun. Avant tout, pour ajouter foi à une prophétie ou à un miracle, il faut que cette prophétie soit réelle et authentique, et ce miracle constaté. S'ils ne le sont pas, vous allez à l'aventure, vous courez au-devant de l'illusion et de l'erreur. *Probate spiritus, si ex Deo sint.* Car s'ils ne sont pas de Dieu, de qui sont-ils ? Et pour être pieuses en apparence, des illusions et des chimères en sont-elles moins des illusions et des chimères ? Et la religion ne peut-elle pas avoir à souffrir, surtout dans un temps comme le nôtre, de ces excès de crédulité, qui appellent les réactions, excessives à leur tour, de l'incrédulité et du scepticisme ?

Ainsi donc, si, en matière de choses surnaturelles, tout rejeter en principe serait insensé et impie, tout admettre en fait serait superstitieux et téméraire.

Il y a des personnes, faibles ou mal instruites, qui prennent pour un signe de zèle et de piété cette tendance à une foi téméraire. Eh bien ! Messieurs, un grand saint,

(1) S. Matt., XXIV, 24.
(2) S. Matt., XXIV, 23.
(3) Ad Thess., V, 21.
(4) S. Joan., epist. I, IV, 1.

qui, assurément, n'était pas un homme de peu de foi, mais qui savait combien les illusions ici sont faciles, fréquentes et dangereuses, saint François de Sales, leur dira : « Combien ces choses extraordinaires sont dignes de soupçon. » Il en cite quelque part, dans ses lettres, un exemple étonnant, à propos d'une religieuse de la Visitation qui prétendait avoir elle-même des révélations : et sans aller jusqu'à mettre en doute la bonne foi de la religieuse, mais ne voyant en tout cela rien qui fût sérieux et digne de Dieu, ce sage évêque écrivait nettement à la supérieure : « Quant à ses visions, révélations et prédications, elles me « sont infiniment suspectes, comme inutiles, vaines et in- « dignes de considération ; car d'un côté elles sont si fré- « quentes que la seule fréquence et multitude les rend « dignes de soupçon ; d'autre part elles portent des mani- « festations de certaines choses que Dieu déclare fort rare- « ment, et qui ne servent tout à fait à rien. »

Et comme à ces préjugés légitimes quelques personnes répondaient qu'on ne voit pas toujours de suite, mais qu'on découvre souvent plus tard la raison de ces révélations, qui d'abord paraissent déraisonnables, le Saint répliquait : « Or, de dire qu'à l'avenir on connaîtra pourquoi ces révé- « lations se font, c'est un prétexte que celui qui les fait « prend pour éviter le blâme des inutilités de telles « choses. » Et enfin saint François de Sales conclut que, sans maltraiter cette pauvre fille, « il lui faut témoigner « un parfait mépris de ses révélations et visions, tout ainsi « que si elle racontait des songes ou des rêveries d'une « fièvre chaude, sans s'amuser à les réfuter ni combattre ; « ains au contraire, quand elle en veut parler, il faut « donner le change, c'est-à-dire changer de propos, et lui « parler des solides vertus et perfections de la vie reli- « gieuse, et particulièrement de la simplicité de la foi, « par laquelle les saints ont marché, sans visions ni révé- « lations particulières quelconques, se contentant de croire « fermement en la révélation de l'Écriture Sainte et de la « doctrine apostolique et ecclésiastique (1). »

(1) *Œuvres complètes de saint François de Sales*. Paris, 1831. *Lettres*, t. IV ; *Lettre* 679e, p. 129, 130.

Saint François de Sales écrivait encore :

« Et quant au bon père qui semble approuver ces révé-
« lations, il ne faut pas le rejeter ni disputer contre lui,
« ains seulement témoigner que, pour éprouver *tout ce*
« *trafic de révélations*, il semble bon de les mépriser et
« n'en tenir compte.

« ... Et en somme, il faut témoigner un mépris absolu
« de toutes ses révélations. »

On voit ici, Messieurs, l'admirable charité et douceur, et aussi l'admirable bon sens de l'aimable Saint : il veut qu'on applique le jugement de la raison même aux choses qui ont apparence surnaturelle, et qu'on s'arrête, là comme ailleurs, dès qu'on rencontre le faux et l'absurde.

Et, en effet, Messieurs, rien n'est plus fréquent que de rencontrer ici le faux et même l'absurde : c'est ce qu'enseignent unanimement les plus grands théologiens. Je ne vous en citerai que deux, mais d'une autorité considérable, Gerson, et Benoît XIV. Le premier, auquel beaucoup ont cru et croient encore que nous devons ce livre que Fontenelle appelait *le plus beau qui soit sorti de la main des hommes, puisque l'Évangile n'en vient pas*, *l'Imitation*, Gerson a fait un traité exprès sur les vraies et fausses révélations, et sur la manière de les distinguer, *De Distinctione verarum revelationum à falsis;* et certes, la plupart du temps, rien n'est plus délicat et plus épineux. Or, savez-vous un des signes auxquels Gerson et Benoît XIV, qui le cite, reconnaissent les fausses révélations? C'est « si ce sont des révélations de choses inutiles et curieuses ; si dans ces révélations se rencontrent des choses qui, sans excéder la puissance divine, ne sont cependant pas conformes à la sagesse de Dieu et à ses autres attributs (1). » C'est ainsi que Benoît XIV résume, en se l'appropriant, la doctrine de Gerson, et voici comment Gerson lui-même

(1) *Si inutilia et curiosa revelentur, si in revelatione aliquid revelatur quod, licet divinam potentiam non excedat, non est tamen conforme sapientiæ Dei, et aliis ejus attributis.* (*De servorum Dei beatificatione et de beatorum canonizatione*, lib. III, cap. ultim., n° 6.)

s'exprimait (1) : « De telles choses doivent être rejetées de suite comme des rêves indignes d'une révélation divine ; et, en effet, dans les œuvres de Dieu n'éclate pas seulement la puissance, mais aussi la bonté et cette sagesse qu'il a répandue sur tous ses ouvrages. « Vous avez tout fait, dit le psalmiste, dans la sagesse. »

Voilà, Messieurs, un langage de théologien. Il est bien évident d'abord que ce critérium est indispensable, mais il est loin de suffire : car on ne sait pas, ou plutôt on sait trop, ce que certaines dispositions physiques et morales, les ébranlements de l'imagination, par exemple, peuvent produire d'illusions : « Il peut arriver facilement aux personnes à vive imagination, dit Benoît XIV, qu'elles croient voir ce qui n'existe pas, et s'imaginent qu'il leur apparaît des choses qui réellement n'apparaissent pas, et que cependant elles soutiennent avoir été vues par elles et leur avoir été divinement montrées (2). » Et dans un autre endroit : L'imagination peut être la cause de beaucoup d'effets et de beaucoup de modifications et de perturbations, soit dans notre propre corps, soit dans un corps étranger (3).» Il enseigne enfin que : « Par l'imagination, souvent on voit ce qu'on ne voit pas, on entend ce qu'on n'entend pas, on sent ce qu'on ne sent pas (4). »

A ces illusions, si extraordinaires quelquefois, il faut joindre les ruses du démon, qui « se transforme, dit Be-

(1) *Talia velut delira et divina revelatione indigna statim abjicienda sunt; neque enim relucet tantummodo in divinis operibus potentia, sed bonitas et sapientia quam Deus effudit super omnia opera ejus. Omnia, inquit psalmus, in sapientia fecisti.* (*Ibid.*, lib. III, cap., ultim., n° 6.)

(2) *Facile contingere potest, ut putent se videre quæ non sunt, et ut eis aliqua videantur apparere quæ non apparent; quæ tamen à se visa et cœlitus demonstrata prædicara consueverunt. Ibid.*, lib. III, cap. L, n° 1.)

(3) *Phantasia potest esse causa multorum effectuum et multarum tum mutationum tum perturbationum, in corpore tam alieno quam proprio.* (*Ibid.*, lib. III, cap. L, n° 9.)

(4) *Per imaginationem sæpe videri quæ non videntur, audiri quæ non audiuntur, sentiri quæ non sentiuntur.* (*Ibid.*, lib. III, cap. L, n° 9.)

noît XIV, après saint Paul, en ange de lumière, » *transfigurat enim se dæmon in angelum lucis* (2), et aussi les fourberies des hommes, dont on ne saurait jamais assez se défier.

Nous pourrions citer ici des décrets sans nombre du Saint-Office, dévoilant des fourberies, et punissant des imposteurs qui avaient réussi étonnamment à se faire accepter.

Ainsi, en 1857, le Saint-Office condamne à des peines sévères une certaine Catherine Finelli qui, par d'habiles inventions, se faisait passer pour sainte, « se vantant de révélations, prophéties, extases, visions, apparitions de Notre-Seigneur Jésus-Christ et de la sainte Vierge, et autres dons surnaturels et grâces particulières de Dieu, dans lesquelles il n'y avait que tromperies, jactances, faussetés et trahisons. »

Sous le Pontificat de Pie VII, condamnation d'une autre fille, nommée Jeanne Marella, « laquelle faisait apparaître frauduleusement des crucifix qui versaient du sang, et une image de Notre-Dame-des-Sept-Douleurs qui versait des larmes; laquelle montrait aussi de prétendus stigmates qu'elle portait aux pieds et aux mains, etc. »

Sous Benoît XIV, en 1747, une religieuse professe du monastère de Sainte-Claire de Chierri est condamnée également pour ses fraudes pieuses, et ses directeurs sont sévèrement admonestés : *Directores præfatæ monialis acriter moneantur.*

Le cardinal Albitius, qui écrivait vers le milieu du XVIIe siècle, énumère, dans son grand ouvrage de *Inconstantia in fide*, plus de vingt condamnations portées de son temps pour les mêmes causes.

Vous voyez donc, Messieurs, combien les précautions en pareille matière sont légitimes, et combien se trompent les personnes sincères et naïves, lesquelles s'imaginent que ce n'est pas suivre l'inspiration de la vraie piété que d'être prudemment sur ses gardes, d'examiner de près, et de consulter ici le jugement d'une raison saine, mais prétendent

(2) *Ibid.*, lib. III, cap. L, n° 9.

qu'il est bien plus conforme à la vraie religion d'incliner tout d'abord à croire sans examens et sans preuves.

Dieu, Messieurs, qui nous a fait raisonnables et libres, ne peut pas nous commander de nous conduire comme si nous n'avions ni raison ni liberté. Si le surnaturel est toujours possible, si la source, comme disait si bien Fénelon, n'en est point tarie, si Dieu répand, quand il lui plaît, son esprit sur ses serviteurs et sur ses servantes, il n'en est pas moins vrai, comme disait autrefois saint Ambroise, que Dieu ne nous gouverne pas habituellement par des révélations et des miracles. Or, on rencontre aujourd'hui une foule de personnes qui, dans les jours mauvais que nous traversons, semblent ne compter que là-dessus. « Dieu, « me disait-on il y a quelques jours avec assurance, Dieu « fera un miracle ; Dieu frappera un grand coup. » Et comme je demandais : « Comment le savez-vous ? » « Vous le verrez, me fut-il répondu ; je n'en ai pas de preuves, mais j'en suis sûr. « Assurément, Messieurs, ce n'est pas là le langage de la piété véritable ni d'une foi éclairée.

En règle générale, les événements humains se déroulent selon l'ordre providentiel, mais naturel, des choses humaines ; les causes ont leurs effets, et les effets leurs causes. Dieu, sans doute, a le dernier mot et la direction souveraine ; mais il n'est pas besoin pour cela qu'il intervienne toujours par le miracle. L'homme agit, et ses actes ont leurs conséquences, voilà l'ordre accoutumé des choses. Mais parce que Dieu dirige en maître suprême les événements humains, oublier dans nos actes la raison et la prudence, nous conduire témérairement et follement, laisser tout à l'abandon, et charger ensuite la Providence de réparer nos témérités et nos folies, nous flatter en un mot que nos fautes n'entraîneront pas leurs naturels résultats, et que l'avenir ne nous demandera pas compte de telles erreurs, c'est là, pour parler comme le concile de Trente, tomber dans cette fausse imitation de la piété qui s'appelle la superstition, *falsa pietatis imitatrix superstitio*.

En un mot, c'est tenter Dieu, et lui manquer de respect au premier chef ; ce n'est plus là ni de la foi ni de la piété, c'est de l'illuminisme; et cette tentation, Messieurs, de la confiance présomptueuse et téméraire, fait si facilement illusion à notre pauvre nature, que Notre-Seigneur, pour nous mettre ici en garde contre elle, a voulu nous apprendre lui-même à la mépriser et à la vaincre : « Jette-toi du haut du temple en bas, lui dit le tentateur ; dis que ces pierres deviennent du pain : *Mitte te deorsum ; dic ut lapides isti panes fiant.* » Mais à ces suggestions de l'ange des ténèbres le Sauveur a répondu ce mot, simple et profond : « Arrière, Satan, il est écrit : *Vous ne tenterez pas le Seigneur votre Dieu. Vade retro, Satana; scriptum est enim : Non tentabis Dominum Deum tuum* (1).

Certes, si quelqu'un était autorisé à compter sur un miracle, c'était Notre-Seigneur, et il ne l'a pas voulu ; afin de nous apprendre que nous tentons Dieu, lorsque voyant nos affaires compromises ou perdues, au lieu d'agir et de nous aider nous-mêmes, comme nous le demandent les saints livres, *viriliter age* (2), et de mériter par là le secours d'en haut, nous ne savons plus qu'attendre et prédire témérairement des miracles que rien ne nous autorise à espérer.

Non, dans les choses humaines, quiconque refuse de raisonner, et d'agir en homme raisonnable, éclairé par la foi, manque à un devoir impérieux et n'est pas digne que Dieu vienne miraculeusement à son aide.

Et pourquoi aussi ces regards curieux et indiscrets vers l'avenir ? Il y a là, Messieurs, un inconnu que la sagesse de Dieu, sauf les exceptions dont Dieu est le maître, ne veut pas livrer à l'impatiente agitation des hommes. « Quoi ! s'écriait autrefois Bossuet, le fils de l'homme aura dit que la science des temps est l'un des secrets que son père a réservés en sa puissance (3), et nous voudrions percer ce secret impénétrable, et fonder nos espérances sur un mystère si caché (4)! » Non, Messieurs, ne cherchons pas à

(1) S. Matt., IV.
(2) Psalm. 30.
(3) Non est vestrûm nosse tempora vel momenta quæ Pater posuit in suâ potestate. — *Act.*, I, 7.
(4) Sermon pour le premier dimanche de l'Avent.

trouver curieusement dans des révélations extraordinaires la règle de notre conduite; n'attendons pas de là les lumières et les directions de notre vie. La Providence n'en agit pas de la sorte avec les hommes; elle ménage autrement leur liberté et leur responsabilité. Si nous pouvions lever le voile qui dérobe, et dérobera toujours, si ce n'est à de rares privilégiés, l'avenir, on dirait, avec les fatalistes : C'est écrit : et on ne comprendrait plus le devoir de l'action courageuse et chrétienne.

Et qu'on ne réponde pas: Moi, je fais fi du sens humain, fi des vues humaines; et j'ai pour guide unique la foi, le sens chrétien. — Non, ce n'est pas ici le sens chrétien qui vous guide; car il vous dirait : *Probate spiritus*, et vous ne les éprouvez pas! La foi vous dit : *Non tentabis Dominum Deum tuum*, et faites-vous autre chose que le tenter par vos présomptions et vos assurances téméraires? Encore une fois, même pour être chrétien, on ne cesse pas d'être homme, et on n'est pas dispensé d'agir en homme; le chrétien doit être seulement un homme plus raisonnable, plus réfléchi, plus sensé, plus ferme dans la foi et dans la vertu. L'ordre surnaturel ne détruit pas l'ordre naturel, il le perfectionne. On n'a pas le droit de demander à la Providence des interventions miraculeuses incessantes et des communications singulières : on n'a pas le droit d'en supposer : non; et, quelles que puissent être les attentions divines pour nos besoins, ou nos désirs, ou nos vertus, nous ne sommes autorisés ni pour notre conduite particulière, ni pour le gouvernement général des affaires, à compter sur des faveurs exceptionnelles, et il ne nous est pas permis d'en imaginer témérairement, ni pour nous, ni pour d'autres, soit en détournant à des applications fantaisistes les oracles des livres saints, soit en nous livrant à l'aveugle aux promesses des faux prophètes ou aux illusions des illuminés. En un mot : « *Ne quis vos seducat ullo modo* (1), dit saint Paul; ne vous laissez séduire d'aucune manière. » Plus que jamais c'est le temps de nous rappeler ce grand et sage avertissement de l'Apôtre.

(1) II Thess., II, 3.

Le Saint-Père d'ailleurs, Messieurs, ne nous le laisse pas oublier. Certes, nul plus que lui n'aura recommandé aux chrétiens la confiance et la prière, et nul aussi plus que lui n'en aura donné au monde, au milieu de plus cruelles épreuves, un plus beau et plus touchant exemple. Mais quant à ces voies extraordinaires, contraires, selon le mot de saint François de Sales, à la simplicité de la foi, quant à ces prophètes douteux et suspects, qui s'en vont répétant : « Le Seigneur a parlé, le Seigneur a parlé, » quand le Seigneur n'a pas parlé, écoutez ce que des journaux religieux français et belges nous rapportent que Pie IX en disait, dans une allocution du 9 avril 1872 : « Je n'ac-« corde pas beaucoup de crédit aux prophéties, disait le « Saint-Père, parce que celles-là surtout qui ont été pro-« duites récemment ne méritent pas l'honneur d'être lues. » Et quelques mois plus tard, dans une autre allocution du 5 juillet de la même année : « Il circule un grand nombre « de prophéties, disait-il; mais je crois qu'elles sont le « fruit de l'imagination. La vraie prophétie consiste à se « résigner à la volonté de Dieu, et à faire le plus de bien « possible. »

Qu'est-ce, en effet, Messieurs, que la plupart de ces volumes de prophéties (1) que la spéculation des libraires colporte de tous côtés, et cette multitude de prophètes qui surgissent tout à coup, et ces oracles prétendus que chacun interprète témérairement à sa façon; dont on ne sait souvent ni l'origine, ni l'authenticité, ni le sens; formules vagues, obscures, ridicules, se produisant à l'état de bizarres et incompréhensibles énigmes, se prêtant à tous les commentaires, où l'on peut voir tout ce que l'on veut; et quelquefois si précis et si détaillés cependant, qu'on vous y montre toute l'histoire d'un siècle, les noms propres, les dates, les faits; qu'on les accommode à l'avenir, et au plus prochain avenir, comme au passé, sauf à changer soudain l'explication, si les événements viennent mettre à néant les prédictions qu'on n'avait pas craint d'en tirer, se fai-

(1) J'en ai, à l'heure où j'écris, plus de vingt volumes sous les yeux, de tout format, de tout pays, mais surtout de la Belgique et de la France.

sant soi-même, à son tour, et révélateur et prophète?

D'où viennent-ils, ces étranges voyants? Qui les envoie? Et depuis quand Dieu veut-il qu'on règle sa conduite sur de tels oracles? Quoi! il a plu à Dieu, dites-vous, depuis des siècles ou des années, de dérouler à vos regards toute la série des événements que porte en son sein l'obscur avenir! Et quel signe, quelle preuve avons-nous que ces soi-disant révélations viennent de lui, et que ces nouveaux livres sybillins doivent être consultés et par nous obéis? Aucune. Certes, on voit une raison suffisante et de tout point digne de Dieu dans la série de ces grands oracles bibliques, réalisés si merveilleusement par l'Evangile et dans l'histoire du peuple de Dieu. Mais comment s'expliquer ces révélations apocryphes, endormies si longtemps dans la poussière et dans l'oubli, tout à coup produites au grand jour, au moment où la curiosité publique surexcitée les appelle, et où, pour y démêler quelque chose, il faudrait évidemment à l'interprète une révélation nouvelle? Car tous les moyens d'interprétation et de critique font ici défaut; on est absolument sans critérium sérieux d'aucun genre, dans une voie d'aventures, exposés à toutes les tromperies de l'illusion, à toutes les fantaisies de la chimère; incapables, par conséquent, de régler par là une conduite quelconque, autorisés dès lors à la suspicion la plus légitime, et en droit de regarder comme non avenu tout cela. Sont-ce là des voies dignes de Dieu? Et, dès qu'il en est ainsi, la marque, le cachet des œuvres divines est-il là?

II

Comment donc, Messieurs, en fait et dans la pratique, se comporter vis-à-vis de cette multitude de prophéties et de miracles, sans tomber dans un illuminisme aveugle, ou dans un scepticisme déraisonnable et impie?

Il y aurait un moyen bien simple. L'Eglise n'a pas laissé ici les fidèles sans guide; l'Eglise nous a tracé, pour ces sortes de choses, des principes de conduite : ce serait donc de s'en tenir simplement aux règles et aux décisions de l'Eglise, et toujours, Messieurs, là même où dans la rigueur du droit ces décisions prises à la lettre ne s'appliqueraient pas, à prendre pour la loi l'esprit qui les a inspirées.

Ces règles, quelles sont-elles?

Vous avez entendu Fénelon, saint François de Sales, Benoît XIV, Gerson, le Pape Pie IX lui-même; écoutez maintenant les conciles :

Voici d'abord ce que, à propos de révélations et de prophéties, prescrit le concile général de Latran de 1516, dans sa onzième session, présidée par le Pape en personne : c'était au commencement du seizième siècle, à la veille des terribles ébranlements, les esprits étaient comme de nos jours en travail :

» Pour ce qui est du temps où doivent arriver les mal« heurs futurs, la venue de l'Antechrist et le jour du juge« ment » — car c'était alors comme aujourd'hui; il y avait des prophètes qui annonçaient aussi la fin prochaine du monde, — « qu'aucun prédicateur, dit le Concile, ne se « permette de les annoncer et de les préciser, car la Vérité « a dit que ce n'est pas à nous de connaître les temps ni « les moments que le Père tient en réserve dans sa puis« sance. *Tous ceux qui, jusqu'ici, ont osé faire de telles « prédictions, se sont trouvés menteurs*, et il est constaté « qu'ils n'ont pas peu nui par là à l'autorité de ceux qui « *prêchent avec sagesse.* A l'avenir donc, NOUS DÉFENDONS « A TOUS ET A CHACUN d'annoncer dans leurs discours « publics les choses de l'avenir, en expliquant à leur fan« taisie les saintes Lettres; de ne point se poser comme « en ayant été instruits par l'Esprit saint, ou par une ré« vélation divine, et de ne pas metre en avant d'autres « vaines divinations ou choses de cette nature (1). »

(1) Tempus quoque præfixum futurorum malorum, vel Antichristi adventum, aut certum diem judici prædicere, vel asserere, nequaquam præsumant, cum veritas dicat : Non est nostrum nosse tempora vel momenta quæ Pater posuit in sua potestate; ipsosque qui hactenus similia asserere ausi sunt, mentitos, ac eorum causa reliquorum etiam rectè prædicantium auctoritati non modicum detractum fuisse constet; inhibentes omnibus et singulis, ne de cetero in sermonibus suis publicis alia quæque futura in litteris

La défense est positive. Mais voyez, Messieurs, avec quelle sagesse le Concile sait concilier ces prohibitions nécessaires avec les possibilités de l'ordre surnaturel! En effet, les Pères de Latran ajoutent : « Si cependant le Sei- « gneur faisait à quelqu'un des révélations sur quelques- « uns des événements qui doivent arriver dans l'Eglise, « comme il s'agit ici d'une chose de grande importance, « attendu qu'il ne faut pas ajouter foi à tout esprit, mais, « ainsi que le dit l'Apôtre, éprouver les esprits pour « voir s'ils sont de Dieu, nous voulons que, en loi ordi- « naire, il soit entendu que ces prétendues inspirations, « avant d'être publiées ou prêchées au peuple, sont dès « maintenant réservées à l'examen du siége apostolique. »

« Que si quelqu'un osait aller à l'encontre de ces pres- « criptions, nous voulons que, outre les peines portées « en pareil cas par le droit, il encoure aussi une sentence « d'excommunication dont il ne puisse, excepté à l'article « de la mort, être absous que par le Pontife romain (1). »

Ce décret, Messieurs, est marqué au coin de la science théologique la plus sûre et de la haute sagesse apostolique. Tout y est sauvegardé comme il doit l'être; le péril des fausses révélations est dénoncé et prévenu; la possibilité des révélations véritables est réservée; mais comme ici le discernement est difficile, et qu'il s'agit, d'ailleurs, disent les Pères, d'une grande chose, d'une exception aux lois

sacris constanter prædicere, nec illa a Spiritu Sancto vel divina revelatione se habuisse affirmare, et alienas inanesque divinationes asseverando, aut alio quocumque modo tractando assumant.

(1) Cæterum si quibusdam eorum Dominus futura quædam in Dei Ecclesia inspiratione quapiam revelaverit... quoniam res magni momenti est eo quod non de facile credendum est omni spiritui, sed sint probandi spiritus teste apostolo, an ex Deo proveniant; volumus ut lege ordinaria tales assertæ inspirationes, antequam PUBLICENTUR aut POPULO PRÆDICENTUR, ex nunc apostolicæ sedis examini reservatæ intelligantur.

Si qui autem contra præmissorum aliquot committere quidquam ausi fuerint, ultra pœnas contra tales a jure statutas, Excommunicationis etiam sententiam a qua non nisi a Romano Pontifice, præterquam in mortis articulo constituti, absolvi possint, incurrere volumus.

providentielles ordinaires, le Concile en réserve sagement l'appréciation à un tribunal exceptionnel et souverain. Et, par la rigueur des peines qu'il édicte, il fait connaître assez l'importance qu'il attache à contenir ici les intempérances ou les illusions de l'esprit privé dans l'intérêt des âmes et de la foi elle-même.

Le concile de Latran ne parle, dit-on, que des prédicateurs ; soit ; bien qu'on puisse dire qu'à propos des prédicateurs, il a porté une défense générale : *antequam* PUBLICENTUR, *aut populo prædicentur*. Mais les considérants qu'il expose ne concernent-ils que les prédicateurs? Et d'ailleurs, la presse n'est-elle pas devenue aujourd'hui une tribune aussi retentissante que la chaire elle-même, quoique n'ayant pas son autorité? Il est vrai encore, le Concile ne parle que de prophéties ; mais, évidemment, les raisons de ses prescriptions s'appliquent aux miracles comme aux prophéties. Le concile de Trente, du reste, a complété ici le concile de Latran en statuant expressément sur cet objet, dans le même sens et d'après les mêmes principes ; voici ses paroles :

« Le saint Concile décrète qu'il ne faut admettre aucuns « nouveaux miracles... s'ils n'ont été reconnus et approu- « vés par l'évêque ; et l'évêque, dès qu'il sera question « d'un fait de ce genre, réunissant en conseil des théolo- « giens et d'autres hommes pieux, fera ce qu'il jugera « convenable à la vérité et à la piété (1). »

C'est, disons-nous, la même doctrine et le même esprit dans les deux conciles, le même soin de prévenir le double excès auquel on est exposé ici, et de sauvegarder les droits, non pas seulement de la piété, mais de la vérité ; la même attention, dès lors, à soustraire ces délicates matières aux appréciations incompétentes de l'ignorance et de la passion, crédule ou incrédule, pour les réserver au jugement

(1) Statuit sancta Synodus... Nulla etiam admittenda esse nova miracula... nisi eodem recognoscente et approbante Episcopo ; qui simul atque de iis aliquid compertum habuerit, adhibitis in consilium Theologis et aliis piis viris, ea faciat quæ veritati et pietati consentanea judicaverit. (*Ex Concilio Tridentino*, sess. 25 ; *De reliquiis et invocatione Sanctorum.*)

éclairé et autorisé des guides naturels de la conscience chrétienne.

S'inspirant du concile de Trente, Messieurs, un autre Concile, particulier, il est vrai, mais examiné et approuvé par le Saint-Siége, le concile de Paris de 1849, s'est expliqué ici en des termes qui ne laissent prise à aucune subtilité d'interprétation. Le concile de Trente, en face du protestantisme, sentait l'impérieuse nécessité de mettre une barrière à de pieux, mais trop dangereux excès. Mais, de nos jours, ne peut-on pas le dire, en face d'une incrédulité plus générale et armée d'une critique plus ombrageuse, que la question des miracles contemporains est devenue encore plus délicate : et c'est pourquoi le concile de Paris a été si formel et si explicite :

« Puisque, d'après l'Apôtre, il ne faut pas croire à tout « esprit, nous avertissons que personne ne doit se consti- « tuer témérairement le propagateur de prophéties, de « visions et de miracles, relatifs soit à la politique, soit à « l'état futur de l'Église, soit à d'autres choses sembla- « bles, et circulant sans avoir été reconnus et approuvés « par l'Ordinaire. Que les curés et les confesseurs, pru- « demment, détournent les fidèles de les accueillir trop « facilement, et qu'ils leur rappellent, à l'occasion, les « règles tracées par l'Eglise en ces matières : que surtout « ils les avertissent que ce n'est pas d'après des révéla- « tions particulières, mais d'après les lois ordinaires de « la sagesse chrétienne, qu'il faut gouverner sa con- « duite (1). »

Vous le voyez, Messieurs, la PROPAGATION TÉMÉRAIRE

(1) Cum, ex Apostolo, non sit omni spiritui credendum, monemus ne quis se PROPAGATOREM TEMERE CONSTITUAT PROPHETIARUM, VISIONUM, MIRACULORUM, sive ad rem politicam, sive ad futurum Ecclesiæ statum, sive ad alia ejusmodi spectantium, quæ absque recognitione, et probatione Ordinarii circumferuntur. Parochi, et Confessarii pro sua prudentia, Christi fideles ab iis facilius suscipiendis deterreant. Item, data occasione, regulas ea de re ab Ecclesia præscriptas edoceant, præsertimque moneant, non ex privatis revelationibus, sed ex communibus sapientiæ christianæ legibus, fidelium agendi rationem esse moderandam. (*Concilium parisiense*, cap. III.)

des révélations et des miracles, et la TROP FACILE CRÉDULITÉ, voilà des abus manifestes que le Concile a voulu prévenir : c'est à ce goût malsain de l'extraordinaire, si contraire à la simplicité de la foi, et qui rapetisse et énerve la piété en la détournant de ses grands devoirs et de ses grands horizons, c'est à cette tendance maladive que le Concile de Paris opposait si opportunément « *les lois ordinaires de la prudence chrétienne* », trop oubliées aujourd'hui.

D'autres documents, où ne se montre pas moins l'esprit de l'Eglise, cet esprit de sagesse, de mesure et de circonspection, ce sont, Messieurs, les célèbres décrets d'Urbain VIII, relatifs au culte permis ou défendu à l'égard des serviteurs de Dieu non encore canonisés ni béatifiés, et à la publication prématurée et incompétente de leurs miracles ou révélations. Pour remédier, selon le devoir de sa charge pastorale, aux abus *quotidiens*, ce sont les expressions d'Urbain VIII lui-même, où se laissait entraîner une dévotion intempérante, il défendit, dans son célèbre décret du 13 mars 1625, sous les peines les plus sévères, d'imprimer les livres où ces faits surnaturels seraient racontés, comme tels, sans avoir été reconnus et approuvés par l'Ordinaire (1). Et il traça, de la façon la plus expresse, toute la procédure à suivre par l'Ordinaire en pareil cas. Et de plus, neuf ans après, en 1634, Urbain VIII confirma par un nouveau bref ce décret, y ajoutant des dispositions plus sévères encore.

Voilà, Messieurs, les actes d'après lesquels il faut juger l'Église, et l'esprit de l'Église, et non pas sur la témérité de ceux qui, par mercantilisme ou vaine crédulité, oublient ses prescriptions et abusent de sa tolérance.

Toutefois, en proscrivant les abus, Urbain VIII n'avait pas voulu défendre d'écrire la vie des serviteurs de Dieu

(1) Sollicite animadvertens abusus qui irreperunt, et quotidie non cessant irrepere... volens pro debito pastoralis officii hujus modi abusibus occurrere... IMPRIMI DE CÆTERO INHIBUIT LIBROS, eorumdem hominum, miracula, revelationes, seu beneficia tanquàm eorum intercessione à Deo obtenta, continentes, SINE RECOGNITIONE ATQUE APPROBATIONE ORDINARII.

non encore canonisés, ni béatifiés, et de raconter, avec mesure et gravité, les révélations et les miracles qui pourraient leur être attribués; il déclara donc que l'Ordinaire pourrait permettre de tels récits; mais à deux conditions : 1° L'historien devra éviter d'employer le mot *saint* ou *bienheureux* d'une manière *absolue*; et 2°, afin que les lecteurs ne s'y trompent pas, il devra faire la *déclaration expresse* que ces miracles et ces révélations n'ont pas encore été reconnus par l'Eglise romaine, mais sont rapportés seulement d'après l'opinion privée de l'auteur (1). Voilà tout. Mais de là, à la publication illimitée et immesurée de toute espèce de prophéties et de révélations, il y a un abîme; et prétendre qu'Urbain VIII lui-même a voulu ruiner l'autorité de ses deux décrets, et ouvrir toute grande la porte à toutes les publications possibles, à ces « inqualifiables mystifications, » ainsi que s'exprimait Monseigneur l'Évêque de Verdun, dans une lettre aux évêques de France le 6 février 1849, à cette thaumaturgie de l'ignorance, » à ces « oracles de contrebande, » comme dit un pieux docte Bollandiste belge (2), à toutes les inénarrables sottises en un mot, dont nous sommes inondés, ce serait là une théorie et une pratique aussi contraires à la vraie religion qu'au bon sens.

Nous sommes en effet aujourd'hui, Messieurs, en plein dans les abus que l'Église a condamnés : il y a des esprits qui ne rêvent plus, dirait-on, que miracles et prophéties (3);

(1) Non admittentur elogia Sancti vel Beati ABSOLUTE... CUM PROTESTATIONE, in principio quod in iis nulla sit auctoritas ab Ecclesia Romanâ, sed fides tantum sit *penes auctorem*. (Albitius de *inconstantia in fide.*)

(2) Dans le savant recueil *Collection de Procès historiques* publié à Bruxelles par des Pères de la Compagnie de Jésus.

(3) J'avais dit que je n'entrerais dans aucun détail; je ne manquerai pas à cette résolution en mettant sous les yeux, à titre d'exemple, simplement les misères que voici; je les extrais d'un volume de 300 pages, qui a paru, sans visa d'aucune sorte :

« Nous lisions naguère dans *le Rosier de Marie*, (c'est un journal ainsi nommé) sous la rubrique : « Révélations importantes, » un passage qui a sa place naturelle ici. Il confirme nos calculs et nos prophéties sur l'Antechrist. L'auteur de ces articles

et dès qu'on en signale quelque part, de suite, sans attendre l'examen ni le jugement des autorités ecclésiastiques, usurpant en cela comme en tant d'autres choses sur l'autorité compétente, la presse les jette aux quatre vents du ciel ; on applique intrépidement à l'époque présente les oracles de l'Ancien-Testament et les mystérieuses révélations de l'Apocalypse ; on exhume toutes les vieilles prophéties, on en imagine de nouvelles; on publie des volumes de 300 pages, *précisant*, c'est le titre, *la solution de la Crise actuelle, le règne de l'Antechrist et la fin du monde.* D'autres volumes paraissent avec les titres que voici :

Recueil de Prophéties anciennes et modernes concernant

habite Genève ; il les signe : « Un Français qui aime la France. » C'est un homme qui est *en rapport avec les sommités du monde politique :* il est doué d'un esprit grave, élevé, judicieux et foncièrement religieux. — Voici ce passage :

« Plusieurs commentateurs de la sainte Ecriture regardent la « fin du monde comme prochaine. Un homme *éclairé* a dit avoir « lu une révélation, à l'époque des massacres de Syrie, en 1860, « dans laquelle il était annoncé que ces événements avaient lieu « pour fêter la naissance de l'Antechrist... Un autre homme *sé-« rieux* m'a dit avoir parlé à un personnage connaissant une dame « française qui aurait vu l'Antechrist. Or lorsqu'elle le vit, celui-« ci fut subitement pris d'une forte colique. Sa mère lui demanda « avec inquiétude ce qu'il avait, il répondit : Je ne sais pas; « mais quand j'ai vu cette dame là-bas, je me suis senti mal au « ventre. C'était probablement le signe qui devait le faire con-« naître à cette femme, laquelle a déclaré que c'est un bel enfant « de dix à onze ans.

« Cette personne n'est pas précisément une femme comme une « autre. Elle a reçu diverses missions à remplir auprès de plu-« sieurs souverains et même du Pape. Quand elle arrive dans un « pays dont elle ne connaît pas la langue, elle entend ce qu'on « lui dit et elle se fait comprendre; toujours elle remplit sa mis-« sion sans difficulté. Lorsqu'elle est introduite, elle ne sait pas « ce qu'elle doit dire. Quand elle est en présence des personnes, « les choses lui viennent; elle a conscience alors de ce qu'elle « dit, mais alors sa mission remplie, elle ne sait plus rien.

« Autre indice de la fin des temps :

« Un enfant de treize ans il y a quelques mois, etc., etc. » On s'arrête de dégoût.

Voilà de quoi on repaît les âmes pieuses !

le passé, le présent et l'avenir, et annonçant particulièrement les destinées de la France, de l'Europe, et de l'Orient.

Portraits prophétiques d'après Nostradamus; ou Napoléon III, Pie IX, Henri V, d'après l'histoire prédite et jugée par Nostradamus, l'Apocalypse interprétée par Nostradamus et les lettres du grand prophète (1).

Le rédacteur d'une feuille périodique religieuse n'avait-il pas eu l'idée, il y a quelques années, de donner en feuilleton à ses lecteurs l'histoire de l'Antechrist, sous prétexte qu'un journal, pour vivre, devait être un peu « excentrique? » Et, sans un avertissement charitable et sévère, ce feuilleton, disait-il, aurait duré dix ans. Un autre ne racontait-il pas, sur la foi de je ne sais quelle extatique, ce qui se passe en purgatoire, et jusqu'aux jours de relâche et de fête que Dieu donne quelquefois, disait-il, aux pauvres âmes qui expient là (2)? Mais c'est qu'en effet, Messieurs, plus certaines publications sont, le mot est juste, excentriques, et plus elles attirent certains esprits malades; les imaginations troublées, inquiètes de l'avenir, se précipitent sur cette pâture; la spéculation en profite; les journaux les annoncent à grand fracas de réclame; aux vitrines des librairies et imageries religieuses on voit étalées ces pauvretés, le plus souvent avec des titres à effet, quelquefois l'annonce de grands événements prédits à date fixe; par exemple :

Au 17 février 1874

LE GRAND AVÉNEMENT ! !

PRÉCÉDÉ DU GRAND PRODIGE ! ! !

Par exemple encore : « UN LIVRE EXTRAORDINAIRE, » etc.; c'est un livre qui applique au temps présent Daniel et l'A-

(1) Et voici avec quelle assurance on parle de ce « GRAND PRO-« PHÈTE, que « Dieu (la voie, la vérité et la vie) nous a gardé *pour « éclairer nos pas, dévoiler le vrai des grands principes sociaux, « et arracher la France à la mort,* » p. 9.

(2) J'ai sous les yeux une brochure publiée sans *imprimatur*

pocalypse, nonobstant l'avertissement du concile de Latran. On va jusqu'à mettre le surnaturel en almanach! j'ai sous les yeux, anonyme, et, bien entendu, sans *imprimatur*, l'*Almanach du surnaturel.* Une piété mal éclairée, une curiosité malsaine s'abat sur ces publications, et les enlève, en nombre véritablement stupéfiant (1); on les discute dans les familles; les croyants parfois ne supportent guère qu'on ne partage pas sur ce point leur foi aveugle, leur confiance illimitée, et accusent d'incrédulité et d'hérésie, sans savoir même la valeur de ces mots, ceux qui osent discuter; et naturellement les impies en prennent prétexte pour envelopper dans leur mépris et leurs railleries tout ce qui est surnaturel et religion. Mais l'Eglise, ses règles, ses prescriptions, son esprit, ces zélés chrétiens songent-ils un seul instant à s'en préoccuper? Pas le moins du monde. Où est donc ici le respect, la docilité, la prudence chrétienne, la vraie piété?

Il faut voir en particulier, Messieurs, dans la plupart de ces élucubrations, ce qu'on fait de la sainte Ecriture; jamais cette témérité d'interprétation et d'accommodation, contre laquelle le concile de Trente s'élevait si fort, n'a été poussée plus loin. On appelle cela « un surcroît de direction » pour les âmes chrétiennes. Quant à moi, dans ce chaos confus d'éclairs sombres, il m'est impossible de démêler une lumière qui puisse fournir une direction sérieuse quelconque à la vie.

aucun, avec ce titre : *Apparitions prophétiques d'une âme du purgatoire*, etc.

Pourtant le concile de Trente a dit (Sess. XXVe) : « Que les évêques ne permettent pas (mais qui leur demande aujourd'hui permission?) qu'on divulgue, sur le sujet du purgatoire, des choses incertaines ; qu'ils défendent comme un sujet de scandale pour les fidèles tout ce qui tient d'une certaine curiosité ou superstition : *Incerta, et quæ specie falsi laborant, evulgari et tractari non permittant. Ea vero quæ ad curiositatem quamdam aut superstitionem spectant*, TANQUAM SCANDALA ET FIDELIUM OFFENDICULA, *prohibeant.*

(1) Un libraire de Paris nous a affirmé que *le grand avénement* s'est vendu à 50,000 exemplaires. Mais la vente en a naturellement cessé le lendemain du 17 février.

Et on se prétend parfaitement libre en tout cela, grâce à la déclaration exigée per Urbain VIII! Eh quoi! pourvu qu'à la tête ou à la queue d'un livre, on déclare, chose facile, sauf à démentir cette déclaration à toutes les pages, qu'on n'entend pas devancer le jugement de l'Eglise, on dira que Urbain VIII a permis de publier tout ce qu'on voudra! C'est trop méconnaître, Messieurs, l'esprit qui a dicté les deux grands décrets de ce pape : c'est oublier l'objet précis de ces décrets, et les étendre à des cas auxquels ils ne s'appliquent en aucune sorte : c'est oublier l'esprit et les prescriptions des précédents conciles; c'est oublier enfin les enseignements les plus élémentaires de la théologie et de la morale chrétienne.

En effet, les théologiens et les canonistes les moins sévères le reconnaissent, il y a péché, péché grave, très-grave, contre la piété et la charité, c'est-à-dire contre Dieu et les âmes, à propager de fausses révélations et de faux miracles; péché que nulle pieuse intention ne peut excuser : *Peccatum maximum, contra pietatem et charitatem quod nullâ piâ intentione potest excusari;* ainsi parle Albitius, avec Cajetan, Sanchez, Melchior Cano, Baldellius, et tant d'autres (1). Et voici comme s'explique à cet égard le savant Jésuite qui rédige en Belgique la *Collection de Précis historiques :* Jouer le rôle de faux prophète est un des crimes les plus épouvantables qui se puissent imaginer. C'est s'arroger un attribut divin; ce qui est un horrible blasphème. C'est tromper la bonne foi des meilleures âmes dans des choses très-importantes; ce qui est un mensonge des plus pernicieux. C'est jeter le discrédit sur les prophéties les plus divines; ce qui est préparer l'affaiblissement et même la perte de la foi pour des cœurs peu fermes... Inutile d'ajouter que ceux qui propagent les fausses prophéties, par transcription, ou par la presse, ou par le commerce, participent au péché des faux prophètes. Il n'y a pas de théologien tant soit peu instruit qui ne convienne de ces principes (2). » Direz-vous que vous êtes de bonne

(1) *De Inconstantiâ in fide*, cap. XL, n° 193.
(2) Livraison du 15 octobre 1870, p. 480.

foi? Eh quoi? la témérité, la présomption, la cupidité, l'appât du gain, ajoutons, puisqu'il le faut bien, la passion politique, tout cela constitue-t-il la bonne foi? Vous ne prenez aucune des précautions qu'il faut prendre en pareille matière pour éviter de tomber dans l'erreur (1), et d'y faire tomber les autres, et là où les plus doctes hésiteraient, ou plutôt n'hésiteraient pas, tant quelquefois la sottise est manifeste, vous prononcez, vous, et jetez en pâture, à la crédulité et à l'incrédulité, les miracles les moins prouvés, les prophéties les plus absurdes, et vous invoqueriez la bonne foi! Non, c'est une intolérable illusion de conscience.

Et qu'on n'allègue pas non plus ici la tolérance de l'Eglise. L'Eglise, Messieurs, est la mère des âmes, et se conduit envers elles maternellement. Elle sait que le sentiment religieux, comme tout grand sentiment, ne se contient pas toujours exactement dans les limites rigoureuses de la froide loi, et quelquefois s'échappe, et déborde un peu; voilà pourquoi elle ferme facilement les yeux si, à côté des grands courants de la piété catholique, il vient à se former aussi ce que j'appellerai des dérivations innocentes; mais il y a une mesure dans la tolérance, et si c'est pour ainsi dire, comme aujourd'hui, une rupture des digues, et des dérivations désordonnées, oh! alors, c'est un devoir pour nous d'élever la voix, d'avertir, et c'est, pour ma part, ce que je fais en ce moment. La liberté de la presse, qui existe chez nous, ne permet pas aux évêques d'atteindre, comme le bien des âmes le demanderait, la spéculation misérable qui exploite ici, sous couleur de re-

(1) « Malheureusement, dit encore la savante revue déjà citée, c'est là souvent le moindre souci des lecteurs de prophéties. Ce qui les pousse, c'est une vaine curiosité; ce qui les aiguillonne, c'est le désir d'échapper à cette loi divine : *sufficit diei malitia sua;* ce qui finit par aveugler ou par déranger leurs têtes, c'est leur confiance en eux-mêmes. Ils décident ce qui est authentique et ce qui ne l'est pas, ce qui est surnaturel et ce qui ne l'est pas, quel est le sens des oracles de Dieu vrais ou forgés, sans jamais s'enquérir de ce que pense sur des choses si graves l'autorité ecclésiastique. »

ligion, la crédulité et la piété. Mais c'est notre devoir, Messieurs, de dénoncer hautement ces abus, et de dégager l'Eglise de toute solidarité avec de pareilles exploitations : c'est le vôtre de guider les fidèles dans le sens de ces précautions et de ces défenses.

L'exploitation va même plus loin, et passe des prophéties et des miracles à certaines inventions de dévotions, et à certains petits livres de piété, qui pullulent aussi sans approbation d'aucune sorte. J'en dis autant d'une certaine imagerie religieuse qui s'est affranchie également de tout contrôle, et qui atteint quelquefois, on peut le dire, les dernières limites du ridicule et de la fadeur. En vérité, qu'est donc devenu, dans l'esprit des fidèles, le mot de saint Paul : *Posuit Episcopos regere Ecclesiam Dei !* Tout spéculateur, tout illuminé, tout rêveur, tout esprit faible et borné, peut donc jeter en pâture à la piété des fidèles n'importe quel aliment ! Non. Un éditeur chrétien qui se respecte ne devrait jamais publier, en matière de religion, même un simple livre de piété, que l'autorité ecclésiastique n'aurait pas laissé passer. Au dix-septième siècle, siècle de théologie, au siècle des Pétau, des Thomassin, des Bossuet, des Bourdaloue, on ne s'affranchissait pas de ces règles, mais aujourd'hui elle ne comptent plus (1).

Ce n'est pas, et il ne faut point que le public religieux s'y trompe, ce n'est pas que l'autorité ecclésiastique recommande tout livre qu'elle permet simplement d'imprimer. Un simple *imprimatur* ne veut point dire qu'un livre n'est pas médiocre ; mais au moins y a-t-il là, dans cette condition préalable, une certaine garantie contre les ignorances et les erreurs censurables. De même, pour ne rien exagérer, pour garder envers les âmes tous les ménagements nécessaires, pour n'exercer sur personne aucune tyrannie, il faut bien savoir qu'un jugement de l'autorité épiscopale sur des faits surnaturels dont il lui appartient

(1) Et cependant l'esprit de l'Église apparaît clairement ici dans le célèbre décret du concile de Latran, sous Léon X, *De impressione librorum* ; et dans celui du concile de Trente sur le même sujet, session IVe.

de connaître, ne ressemble pas à une décision dogmatique; et que, par conséquent, si un tel jugement mérite toujours le respect, il n'impose pas à la conscience une adhésion absolue. Mais la piété des fidèles trouve là une garantie, et elle a d'autant plus lieu d'être rassurée que le jugement rendu aura été plus solennel, et que l'autorité ecclésiastique, comme cela est arrivé dans notre siècle même, aura cru pouvoir aller jusqu'à permettre d'élever, en mémoire de ces faits, des édifices sacrés, comme à Lourdes et à la Salette, et à autoriser des dévotions publiques, de grands pèlerinages, et de nombreux concours des peuples, comme à Notre-Dame de Paris, à Notre-Dame de Chartres, et à Paray-le-Monial.

Il n'y a de sécurité, Messieurs, qu'à ne pas s'éloigner de ces principes. Redisons-le donc hautement : L'Eglise a réservé à l'autorité ecclésiastique de connaître des faits surnaturels.

Quand cette autorité a prononcé, il y aurait, pour les simples fidèles, témérité à s'inscrire en faux et à combattre des dévotions et les pratiques ainsi autorisées; mais aussi il y a abus à propager des prophéties sans autorité ; abus à les exposer à la crédulité et à l'incrédulité publique; abus et péril à se nourrir de ces lectures, où rien ne guide, où le champ s'ouvre, sans limites, aux imaginations et aux chimères (1).

(1) C'est ce que Mgr l'archevêque de Cologne rappelait en son mandement de Carême, dans des termes que je suis heureux de pouvoir mettre sous les yeux :

« De nos jours, comme à toutes les époques où des événements « grandioses remuent profondément les âmes, on entend beau- « coup parler de prophéties et de prédictions qui annoncent « toutes sortes de signes et de miracles dont Dieu se servirait « pour arrêter soudain les desseins de nos ennemis, et pour pré- « parer à son Église un éclatant triomphe. Mais ces prétendues « prophéties, mes très-chers frères, ne sont pas dans l'Evangile. « N'y ajoutez aucune foi; n'y mettez pas vos espérances. Sans « doute, de nos jours, l'Esprit de Dieu, qui seul a inspiré les pro- « phètes de tous les temps, souffle où il veut. Mais où sont les « preuves certaines que cet Esprit de Dieu a parlé par ces pré-

On fait souvent cette question : « Croyez-vous aux prophéties et aux miracles ? » — Oui et non, peut-on répondre, cela dépend. En principe, oui, sans doute, nous y croyons, et nous ne sommes pas de ceux qui se piquent, comme disait Fénelon, de rejeter sans examen, comme fables, les merveilles que Dieu opère. Mais si on précise et si on dit : Croyez-vous à telle révélation, à telle apparition, à telle guérison ? C'est ici, Messieurs, qu'il est nécessaire de ne point oublier les règles de la prudence chrétienne, ni les avertissements des Saintes Lettres, ni la doctrine des théologiens et des saints, ni enfin les décrets des Conciles et les raisons de ces décrets. L'autorité compétente a-t-elle parlé ? Si elle a parlé, inclinons-nous avec le respect que l'on doit à la gravité et à la maturité des jugements ecclésiastiques, lors même qu'ils ne sont pas revêtus d'une autorité infaillible. Si elle n'a pas parlé, ne soyons pas de ceux qui rejettent tout de parti pris et veulent imposer à tout le monde leur incrédulité ; ni de ceux qui admettent tout à la légère et veulent imposer également leur crédulité ; gardons-nous bien, en discutant un fait particulier, de rejeter le principe même du surnaturel, mais ne fermons pas non plus les yeux à l'évidence des témoignages ; prudents jusqu'à l'examen le plus attentif, la

« tendus prophètes ? Le Tout-Puissant qui est patient et plein « de longanimité, parce qu'il est éternel, et qui, en même temps, « est infiniment sage et bon, prépare ordinairement la ruine du « mal par le développement naturel des conséquences du mal « lui-même, mais rarement il se révèle par une intervention « extraordinaire et exceptionnelle dans le cours des choses hu- « maines. Ce sont les angoisses actuelles de l'Église, les efforts « et les hostilités de ses ennemis, et tous les grands événements « de notre temps qui serviront, finalement, à l'accomplissement « de ses desseins.

« C'est là ce que nous devons attendre et espérer fermement « des infaillibles promesses de la parole divine et de la divine « miséricorde. C'est ce que nous apprennent les enseignements de « notre foi, et c'est là le sens profond de ce vieux proverbe alle- « mand, si souvent vérifié et si consolant : « Plus la nécessité est « extrême, et plus le secours de Dieu est proche. »

matière l'exige, l'Ecriture le recommande, mais non pas sceptiques; sincères, mais non pas illuminés : voilà la mesure; et n'oublions pas que, le plus sûr, en ces matières, est de ne point précipiter son jugement, de ne point trancher et affirmer absolument, en un mot, de ne point devancer, dans un sens ni dans un autre, le jugement de ceux qui ont ici qualité et mission pour examiner et prononcer, mais d'attendre, dans la simplicité de la sagesse chrétienne, une décision qui trace une règle prudente, quoique non pas toujours avec une absolue certitude.

Il faut conclure :

Chacun ici, Messieurs, doit se défier de ses tendances. L'incrédulité ne veut voir Dieu nulle part; l'illuminisme veut le voir partout : il y est, en effet; mais non pas toujours par la prophétie et le miracle, autrement le surnaturel absorberait le naturel, et l'extraordinaire deviendrait l'habituelle loi. Ah ! sans doute, Dieu prend soin lui-même de se rappeler par des interventions assez visibles aux siècles qui l'oublient. Tandis que les coups de sa droite étonnent et troublent les impies eux-mêmes, les croyants se tournent vers lui, dans les calamités publiques et privées, avec une espérance pleine d'angoisses. Messieurs, ne décourageons pas l'espérance, ne décourageons pas la prière. En ces temps de vicissitudes étranges, où l'âme du chrétien, pressée entre le souvenir de tant de malheurs et la menace de tant de périls, éprouve le besoin de se rattacher d'autant plus fortement au ciel, que la terre se dérobe sous les pas, et que les appuis humains, sur lesquels nous devions le plus compter, nous manquent, à Dieu ne plaise que nous attristions la piété ! Non, mais ne permettons pas cependant qu'elle s'égare, par ce goût de l'extraordinaire et du prodigieux, jusqu'à l'illusion de l'extravagance, jusqu'à la présomption ou l'inertie.

Tenter Dieu, c'est, aujourd'hui, dirait-on, l'attrait périlleux de certaines âmes; et il est plus d'une manière de le tenter. Il y en a qui, au lieu de lutter virilement, se croisent les bras et disent : Dieu est là ! Dieu fera un miracle ! et croient avoir tout dit. Messieurs, on ne répare rien, on ne sauve rien par de telles confiances. Il y en a qui, plus téméraires encore, multiplient tranquillement les fautes, les défis à l'impossible, et se jettent, pour ainsi dire, du haut du temple, comme si Dieu avait promis d'envoyer ses anges pour les recueillir dans leur chute. Messieurs, on se brise par de pareilles témérités. Il y en a, enfin, qui sont entrés, semble-t-il, dans les conseils de Dieu, qui connaissent ses desseins sur l'Église et sur la France, et, appliquant à des épreuves particulières des promesses générales, annoncent tour à tour la victoire ou la ruine ; et quelquefois, la victoire ou la ruine par tel homme, par tel moyen, pour tel jour et telle heure ! Messieurs, Dieu fera ce qu'il voudra, ce que nous mériterons qu'il fasse, et peut-être même, dans sa miséricorde, ce que nous n'aurons pas mérité ; mais son secret est à lui, et ce n'est pas à nous à lui prescrire ce qu'il doit faire. Il n'arrivera que ce que Dieu permettra ; sans aucun doute ; mais que permettra-t-il ? Tremblons qu'il ne veuille encore nous châtier pour nos témérités, notre égoïsme et nos mollesses ; et pour mériter qu'il nous sauve, travaillons de toutes nos forces, et par tous les moyens de prudence humaine et de sagesse chrétienne, à nous sauver nous-mêmes. C'est en ce sens qu'il faut entendre et répéter la belle parole du Saint-Père : « La vraie prophétie est de se résigner à la volonté de Dieu et de faire le plus de bien possible. » Prions, prions, espérons, mais surtout agissons, car, d'ordinaire, la coopération de l'homme doit s'ajouter à l'opération divine ; et tout instrument de la Providence a le devoir de répondre à sa mission, étudiée dans la lumière et la sagesse de Dieu, et non dans les illusions si faciles du jugement personnel : sinon, Dieu le rejette ; car nul ne lui est nécessaire. L'histoire des individus comme celle des peuples est pleine de ces exemples. S'il n'en était pas de la sorte, le dogme chrétien de la Providence ressemblerait trop au *fatum* des païens, et l'homme n'aurait plus qu'à attendre, les bras croisés, les arrêts du destin.

Restons donc, Messieurs, dans la forte simplicité de la

foi évangélique ; évitons les défaillances, les présomptions et les chimères; soyons chrétiens et soyons hommes. Aimons l'Église, cette mère de nos âmes, et montrons-nous reconnaissants des lumières qu'elle nous donne ; reconnaissants, et en même temps dociles ; et, si nous l'aimons, ne nous contentons pas de compatir, par nos gémissements et nos larmes, aux maux profonds qu'en ce moment elle endure, sachons lui offrir un viril concours, et au besoin, de généreux sacrifices. Servons, d'un effort non moins résolu et non moins efficace, notre chère patrie ; comprenons ce qu'elle exige de nous pour se relever, se refaire, se guérir. En un mot, soyons une génération énergique et dévouée, intelligente et capable, croyante et agissante, qui comprenne les besoins et la marche des agitations humaines, et ne s'en montre pas plus effrayée qu'il ne convient à ceux qui doivent puiser dans les lumières de la foi quelque chose de la sagesse et de la patience de Dieu, et qui, sans recourir à de vains et suspects oracles, peuvent trouver dans l'histoire de leurs pères et dans les souvenirs du passé les secrets de la Providence et les espérances de l'avenir.

Veuillez agréer, Messieurs, la nouvelle assurance de mon affectueux dévoûment.

† FÉLIX, *Évêque d'Orléans.*

Orléans, 23 mars 1874.

A LA MÊME LIBRAIRIE

OUVRAGES DE Mgr DUPANLOUP

ÉVÊQUE D'ORLÉANS, MEMBRE DE L'ASSEMBLÉE NATIONALE.

Conseils aux jeunes gens sur l'Etude de l'histoire. In-12. . . . . 3 fr. »

Conseils aux jeunes gens sur l'Etude de la philosophie. In-12 . . . . 3 fr. »

La Charité chrétienne et ses œuvres, 2e édition. 1 vol. in-8° . . . . 5 fr. »

Le même, 3e édition, in-12 . . . . 2 fr. 50

Avertissement à la jeunesse et aux pères de famille, sur les attaques dirigées contre la Religion par quelques écrivains de nos jours. 10e édition. . 1 fr. »

De l'Education. 3 vol. in-8°. . . . . 22 fr. 50

Le même ouvrage : 3 vol. in-12, 9e édition . . 10 fr. 50

Tome Ier : De l'Education en général. — Tome IIe : De l'Autorité et du Respect dans l'éducation. — Tome IIIe : Les Hommes de l'éducation.

De la haute éducation intellectuelle, 3 vol. in-8°. 2e édition . . . . 22 fr. 50

Le même ouvrage : 3 vol. in-12. . . . . 10 fr. 50

Tome Ier : Les Humanités. — Tome IIe : L'Histoire, la Philosophie et les sciences. — Tome IIIe : Lettres aux hommes du monde sur les études qui leur conviennent.

Discours prononcé à l'Assemblée nationale sur la loi militaire, le 29 mai 1872. In-8°, prix. . . . . » fr. 50

Deuxième et troisième discours prononcés à l'Assemblée nationale sur la loi militaire les 21 et 23 juin 1872. In-8°. . . . . » fr. 50

Lettre à un père de famille sur le volontariat d'un an. In-18, prix . . . . « fr. 25

NOUVELLES ŒUVRES CHOISIES

De Mgr DUPANLOUP

ÉVÊQUE D'ORLÉANS, MEMBRE DE L'ASSEMBLÉE NATIONALE

4 beaux vol. in-8. — Prix. . . 26 fr.

PARIS. — IMP. VICTOR GOUPY, RUE GARANCIÈRE, 5.

www.ingramcontent.com/pod-product-compliance
Ingram Content Group UK Ltd.
Pitfield, Milton Keynes, MK11 3LW, UK
UKHW022156190726
13855UKWH00004B/1512

9 782012 721227